Proces

Proces

www.GestaltNotebook.eu
© 2014 Stefan Green Meinel

Tak til Dorthe og Johannes Green

ISBN 978-87-711-4015-6
3. udgave

Produktion og forlag

Forlag: Books on Demand GmbH
København, Danmark

Tryk: Books on Demand GmbH
Norderstedt, Tyskland

Indhold

Indledning

Gestaltterapi handler om proces og fordybelse. Du mærker efter, reflekterer, reagerer på og eksperimenterer med de relevante dele af din livssituation. Du kan komme vidt omkring både følelsesmæssigt og i selvindsigt.

Den gestaltterapeutiske metode er baseret på en åben og nysgerrig undersøgelse af sammenhæng og selvudtryk. Det er en procesorienteret tilgang, hvor du følger, hvad der umiddelbart giver mening og spontant føles rigtigt. Du udforsker dit følelsesliv, drager konklusioner og træffer beslutninger.

Du går berørt fra sessionen og har fået stof til eftertanke, men kan måske have svært ved at huske alle indsigterne – især når der er gået nogen tid. Terapien vil gøre sin virkning alligevel, men det er ærgerligt, at (måske) hårdt tilkæmpet og dyrt betalt personligt arbejde skal gentages adskillige gange, bare fordi processens indhold glider i baggrunden. *Proces* er udviklet med øje for netop den situation. Den er designet til at støtte og supplere individuel gestaltterapi.

Proces er en struktureret notesbog med 77 sider til egne notater. Den er inddelt i fem afsnit, som hver især indledes med en kort indføring samt en række stikord og spørgsmål, du kan lade dig inspirere af. Afsnittene skal ikke nødvendigvis skrives kronologisk (selvom de har en logisk rækkefølge), men kan derimod skrives efter relevans – du kan frit hoppe frem og tilbage og skrive (eller tegne) alt efter processens indhold.

Det største udbytte får du ved regelmæssig skrivning og ved at følge strukturen. Gevinsten vil være skarpere fokus, bedre overblik og mere hukommelse. Regelmæssig skrivning vil gøre den terapeutiske virkning dybere samt bevirke, at processen integreres bedre. Det samlede forløb vil glide nemmere, og du vil sandsynligvis afkorte terapiens varighed.

Undervejs i terapien fungerer *Proces* som et værktøj. Bagefter – og senere i livet – vil notesbogen være et personligt vidnesbyrd om det arbejde, du gjorde, og de forhold og omstændigheder, du skulle håndtere.

Det er ikke en notesbog, du skal dele med hvem som helst, og slet ikke mens den skrives. Det er et lille stykke sjæleliv, du bør værne om, og kun efter nøje overvejelse måske en dag dele med personer, du finder tilliden værdig.

God fornøjelse med din notesbog – held og lykke med processen!

Udgangspunkt

Al terapi har et *udgangspunkt*. Udgangspunktet er de livs-omstændigheder, problemer og frustrationer, du ønsker at håndtere, og som er årsagen til, at du har kontaktet en gestaltterapeut.

Den første forudsætning for den gestaltterapeutiske proces vil være at undersøge, uddybe og afklare årsagerne. Jo bedre du kender udgangspunktet, jo hurtigere og mere præcist kan du komme hen til den egentlige forandringsfremmende bearbejdning.

Dette afsnit handler om, at du bliver bevidst om *dit* udgangspunkt. Hvad er det for omstændigheder, du gerne vil håndtere? Kan du formulere det i nogle få sætninger?

Når du kender dit udgangspunkt, kan du med fordel gå lidt i dybden. Du kan eventuelt lade dig inspirere af spørgsmålene på næste side. Hvordan vil du beskrive din situation? Hvad er det vigtigste?

Hvis din proces på et senere tidspunkt fører til bearbejdning af andre livsomstændigheder, kan du med fordel vende tilbage til dette afsnit og præcisere, hvad det handler om.

hvad handler det om
hvordan påvirker det
hvor meget fylder det
hvordan føles det
hvilke tanker gør du dig
hvor længe har det varet
hvordan reagerer kroppen
hvad siger intuitionen
hvad undgår du
hvordan reagerer omgivelserne
hvordan er du synlig
hvem handler det om

Retning

Al terapi har brug for en *retning*. Hvor skal processen føre hen? Hvad vil du gerne opnå? Terapien kan sagtens være dybtgående og virkningsfuld alligevel, men uden retning risikerer du at fortabe dig i detaljer og problematikker, der måske i virkeligheden ikke behøvede bearbejdning og opmærksomhed.

Den anden forudsætning for den gestaltterapeutiske proces er derfor at visualisere og formulere de mål, du ønsker at opnå. Det behøver ikke at være store og malende beskrivelser. Det vigtigste er, at du kan definere dine mål med en vis klarhed, gerne i korte rammende sætninger.

Hvad er *dine* mål, *dine* drømme og visioner? Skab plads og rum til dette afsnit. Giv dig god tid. Find et behageligt sted. Sæt dig godt tilrette. Hvad vil være en positiv forandring i dit liv? Hvilke mål skaber en rar stemning indeni? Hvad er din mest håbefulde drøm?

Dine mål er som et kompas, der viser vej gennem den terapeutiske proces' mange muligheder. Du kan derfor med fordel vende tilbage til dette afsnit og mærke efter, om dine mål fortsat er gældende, om de skal justeres, eller måske helt revurderes. Lad håbet komme til orde – det vil være en uvurderlig ressource i din proces.

målet i horisonten

en god fornemmelse i maven

Drømme

glad & tilfreds indeni

positiv forandring

det vil jeg gerne

sådan vil det være godt

lyst ● håb ● at træde i eksistens

visioner

Sessioner

De første to afsnit belyser, hvordan en gestaltterapeutisk proces typisk indledes. Du ser på udgangspunktet og finder en retning. Med det på plads vil terapien handle om *fordybelse*.

Terapien veksler mellem indsigtsgivende samtaler og øvelser, der nøje tilpasses dine behov og din situation. Du får indsigt i din historie, dine reaktionsmønstre, dit selvudtryk og dine handlemuligheder. Du vil søge efter meningsfulde forklaringer, se tingene fra dit eget perspektiv men også i en større sammenhæng.

Øvelserne finder som regel sted som *stolearbejde*, der er et fremragende redskab til aktivt at kunne bearbejde noget fortidigt såvel som målrettet at kunne eksperimentere med synlighed og nye handlemuligheder.

Dette afsnit bruges til at skrive om sessionerne, gerne umiddelbart efter de har fundet sted, så detaljerne stadig er i frisk erindring. Hvad skete der under sessionen? Hvad var de vigtigste indsigter? Hvordan reagerede du? Hvad lærte du om dig selv?

Du kan også med fordel gøre nogle notater om, hvad du eventuelt ønsker at arbejde med næste gang, kommentarer du synes, terapeuten skal høre, og gerne også hvad du synes virkede godt eller måske ikke så godt (for dig). Din feedback er vigtig og altid velkommen.

følelsesmæssige reaktioner

vigtige indsigter

hvem har ansvaret for hvad

meningsfulde forklaringer

huske til næste gang

mine valgmuligheder

Stolearbejde

beslutningsproces - indre sammenhæng

hvad vil jeg - hvad gør jeg

selverkendelser

Iagttagelser

I terapien kan du i trygge rammer tage stilling til forskellige begivenheder, søge afklaring, træffe beslutninger – og afprøve hvordan du vil handle ude i livet. Processen har et stykke af vejen sit tyngdepunkt i fordybelsen under sessionerne, men vil efterhånden forskubbe sig til tidsrummet *mellem* sessionerne – til de situationer, hvor du aktivt omsætter indsigt til handling.

Dette afsnit handler om de erfaringer, du gør dig mellem sessionerne. Hvilke eksperimenter har du udført i dit liv? Hvordan føltes det indeni? Hvordan reagerede dine omgivelser? Hvad har du lært? Hvad vil du gøre anderledes næste gang?

Tag det du skriver med i terapien, hvor du kan få hjælp til at bearbejde og integrere dine oplevelser, samt få støtte og inspiration til den videre proces.

Det er godt at huske, at succesen ikke afhænger af, hvor godt det gik, eller hvordan dine omgivelser reagerede. Det er i sig selv en succes, at du overhovedet vovede at betræde nyt land! Den videre succes afhænger af, hvad du *lærer* af dine eksperimenter.

Forandring lader sig kun realisere gennem *konkret erfaring* med det nye og anderledes. Jo mere du lærer af konkrete begivenheder, jo mere kompetence vil du få – og pludselig gør du små og store kvantespring.

eksperimenter
afprøvning af ny adfærd
hvordan gik det - hvad lærte jeg
vigtige oplevelser
mine reaktioner - andres reaktioner
iagttagelser
hvad signalerer mine ord og handlinger
hvordan forstår jeg mine omgivelser
eftertanke   erkendelser
nattedrømme

Kvantespring

Meningen med den gestaltterapeutiske proces er at skabe en positiv forandring. Processens slutfase er typisk ved, at du har opnået tilstrækkelig med nye kompetencer. Du er i stand til aktivt at realisere dine mål i livet. Sessionerne finder typisk sted med længere og længere intervaller.

Forandring sker som regel i små og store "kvantespring" – pludselig *kan* du bare. Du har det anderledes og handler anderledes – men opfatter paradoksalt nok ofte alligevel dig selv på samme måde, som da terapien begyndte. Det er karakteristisk, at noget af det sidste, der forandres, er dit selvbillede. Processens slutfase handler typisk om at give plads til glæden ved det, der går godt. Også medgang skal integreres, før processen er ført helt til ende.

Dette afsnit handler derfor om små og store succesoplevelser. Gør et notat, når noget går godt! Det vil hjælpe til at integrere dine nye færdigheder, og det vil afgørende bidrage til at justere dit selvbillede. Du kan desuden med fordel gå tilbage og læse, hvordan du beskrev dit udgangspunkt. Hvad er blevet anderledes? Hvilke forandringer har fundet sted?

Hvis det ikke allerede er sket, er det på høje tid at tale om, hvordan og hvornår terapien skal afsluttes. Processens slutsten er din erkendelse af, at du ikke har brug for mere terapi. Det er øjeblikket, hvor denne notesbog skifter status fra værktøj til værdifuldt minde. Hvor du velfortjent kan lade terapi blive fortid og koncentrere dig om at nyde frugterne af alt dit arbejde!

sådan gjorde jeg det
ikke noget problem mere
kvantespring
endelig blev det sagt
pludselig kunne jeg
forandring indeni
ny kompetence
nye horisonter
justering af selvbillede